咱们工人有力量

东北解放战争工人阶级历史贡献专题展览图集

辽沈战役纪念馆　编

辽宁人民出版社

中华人民共和国是工人阶级领导的、以工农联盟为基础的人民民主专政的社会主义国家。

——《中华人民共和国宪法》第一条

工人阶级是我国的领导阶级，是我国先进生产力和生产关系的代表，是我们党最坚实最可靠的阶级基础，是全面建成小康社会、坚持和发展中国特色社会主义的主力军。

——习近平在同全国劳动模范代表座谈时的讲话

（2013年4月28日）

咱们工人有力量

东北解放战争工人阶级历史贡献专题展览图集

前 言
QIAN YAN

人民是历史的创造者。百年党史中，中国工人阶级一直是救国的主力军、兴国的生力军、强国的主人翁。

在东北三年解放战争中，工人阶级在中国共产党的领导下恢复和发展生产，积极建厂护矿、献交器材、修造枪炮、抢修运输线、发展军工生产，支援前线。

广大工人阶级为辽沈战役胜利暨东北解放做出了重要贡献，为全国解放提供了强大人力、物力保障，为新中国工业化进程奠定了坚实基础。

咱们工人有力量

咱们工人有力量

东北解放战争工人阶级历史贡献专题展览图集

辽沈战役纪念馆 编

展览编辑人员

总策划：刘晓光

总编审：龚 兵

编 审：刘 军
　　　　杨移风

主 编：吕 亮

编 辑：于利利
　　　　李丰旭

讲解词：吕 亮

设计施工：辽宁省青宇尚文化艺术有限公司

画册编辑人员

总策划：刘晓光

总编审：龚 兵

编 审：刘 军

　　　　吕 亮

设 计：董士阳

摄 影：董士阳

篆 刻：何 宁

出版发行：辽宁人民出版社

出版说明

《咱们工人有力量——东北解放战争工人阶级历史贡献专题展览》是辽沈战役纪念馆于2023年5月为深入学习宣传贯彻党的二十大精神，以实际行动落实习近平总书记在辽宁及锦州考察时的重要讲话精神而策划举办的原创专题展览。

展览的主题为"咱们工人有力量"。内容分为"抗日战争胜利后东北局势及工业状况""中国共产党对东北工业生产的领导""军工生产""铁路运输""东北解放战争中涌现的劳动模范"五个部分，主要表现了东北三年解放战争中，广大工人阶级在中国共产党的领导下恢复和发展生产，为辽沈战役胜利暨东北解放做出的重要贡献。激励广大工人阶级在新一轮东北振兴大潮中，继续听党话、跟党走，弘扬劳模精神、劳动精神、工匠精神，发挥主力军作用，为坚决打赢新时代东北振兴、辽宁振兴的"辽沈战役"做出新的历史贡献。

展览大纲在编写中参考了《解放战争时期东北地区英雄谱》《决战决胜——辽沈战役纪念馆基本陈列》和《东北解放区财政经济史资料选编》等专业书籍，凝结着编研人员的心血和汗水，是集体智慧的结晶。

2023年是辽沈战役胜利暨东北解放75周年，为达到更好的宣传教育效果，讲好解放战争转折地和共和国工业奠基地的故事，故将展览内容集结成册，以飨读者。

因编者水平有限，不足之处，敬请批评指正。

编 者

2023年7月

东北是很重要的，从我们党，从中国革命的最近将来的前途看，东北是特别重要的。如果我们把现有的一切根据地都丢了，只要我们有了东北，那么中国革命就有了巩固的基础。当然，其它根据地没有丢，我们又有了东北，中国革命的基础就更巩固了。

——毛泽东：《关于第七届候补中央委员选举问题》

抗日战争胜利后东北局势及工业状况

　　抗日战争胜利后，东北地区成为国际、国内关注的焦点。东北土地肥沃、产粮丰硕、铁路发达、交通便利，并集中了中国绝大部分重工业。此时的东北满目疮痍，东北的工业遭到严重破坏，大部分工厂、矿山几近瘫痪，工业生产面临重重困难。

　　毛泽东早在中共七大上，就十分敏锐地指出："东北是特别重要的。"党中央审时度势、因势利导，制定了"向北发展，向南防御"的战略方针，发出了"建立巩固的东北根据地"的指示。伴随东北根据地的开创，东北的工业也开启了新篇章。

高粱

大豆

森林

高粱主产区分布图

大豆主产区分布图

森林资源分布图

棉花主产区分布图

东北资源
主产区分布图

盐

盐业分布图

煤

鐵

金

煤炭分布图

钢铁冶炼分布图

金矿生产加工业分布图

占全国的90%

东北重工业

占全国的⅓

东北产业工人

东北三省原是我国的
主要工业基地,重工业占
全国的90%,产业工人占
全国的三分之一。

——《辽沈决战》:《回顾东北工人
阶级在解放战争中的贡献》

　　东北是很重要的，从我们党，从中国革命的最近将来的前途看，东北是特别重要的。如果我们把现有的一切根据地都丢了，只要我们有了东北，那末中国革命就有了巩固的基础。当然，其他根据地没有丢，我们又有了东北，中国革命的基础就更巩固了。

——毛泽东：《关于第七届候补中央委员选举问题》

中国共产党
第七次全国代表
大会会场

高粱主产区分布图

大豆主产区分布图

棉花主产区分布图

东 北 资 源
主产区分布图

钢铁冶炼分布图

煤炭分布图

004

森林资源分布图

盐业分布图

东北三省原是我国的主要工业基地，重工业占全国的90%，产业工人占全国的三分之一。

——《辽沈决战》:《回顾东北工人阶级在解放战争中的贡献》

占全国的90%

东北重工业

占全国的三分之一

东北产业工人

金矿生产加工业分布图

被破坏的电力设施

被日伪破坏的铁路

第二单元
苦难中的东北工业

满蒙毛织株式会社大规模雇佣女工，工作繁重，工资极低。

哈尔滨市街区

东三省经济实况摘要

几器设备、原材料及工业产品被作为战利品运走，多数工厂完全丧失了生产能力。图为满洲住友金属株式会社设备被拆运后的凄凉景象。

国立金矿精炼所车间粉尘飞扬，光线暗淡，工人在没有任何劳动保护措施的情况下劳作。

满洲制铁株式会社工人在监工的监视下从事高强度劳动

奉天(今沈阳)铁西工厂中的大部分机器设备、原材料及工业产品被作为战利品运走,多数工厂完全丧失了生产能力。图为满洲住友金属株式会社设备被拆运后的凄凉景象

抗日战争胜利前夕，东北的铁路、工厂、电力遭到日伪军的严重破坏

奉天（今沈阳）国立金矿精炼所车间粉尘飞扬，光线暗淡，工人在没有任何劳动保护措施的情况下劳作

奉天（今沈阳）满蒙毛织株式会社大规模雇用女工，女工
工作繁重，工资极低

哈尔滨市街区

奉天（今沈阳）满洲制糖株式会社工人在监工的监视下从事高强度劳动

被国民党破坏后的沈阳机器厂第二工厂

1948年10月，沈阳机器厂第二工厂被国民党空军投下的两枚重型炸弹炸毁。图为遭到严重破坏的生产车间

拆卸后的炼铁工厂

第三单元
国共双方对东北的战略部署

新四军第3师从陆路向东北挺进

山东部队渡海挺进东北

拆迁本溪湖煤铁公司设备现场

兵和的炼铁工厂

被国民党破坏的沈阳机器厂第二工厂

1948年10月，沈阳机器厂第二工厂被国民党军队破坏后的一角。敌为准备巷战严重破坏的生产车间。

1945年9月19日，刘少奇为中共中央起草并发出致各中央局的《目前任务和战略部署》的指示，提出"向北发展、向南防御"的战略方针，指出目前全党全军的主要任务是打击和阻止国民党军北进，继续大力调兵日东北，完全控制热河、察哈尔两省，发展和控制东北。

苦难中的东北工业

013

第三单元　国共双方对东北的战略部署

1945年9月19日，刘少奇为中共中央起草并发出致各中央局的《目前任务和战略部署》的指示，提出"向北发展，向南防御"的战略方针

新四军第三师从陆路向东北挺进

绥远八路冒着风雪向东北挺近

新四军经冀东冷口出关向东北开进

1946年5月15日，毛泽东为中共中央起草的国民党内战阴谋及我之对策给各中央局、分局和周恩来的电报。（部分）（中央档案馆提供）

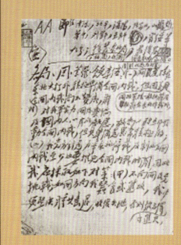

山东部队渡海挺进东北

国民党在美国帮助下向东北运兵

美国军事人员帮助蒋介石训练军队，准备发动内战

1946年11月8日，《新华日报》关于国民党破坏停战协定的报道

第二部分

中国共产党对东北工业生产的领导

　　根据党中央的指示，1945年9月，成立了中共中央东北局。1946年8月6日，选举产生了东北行政委员会，并提出"发展生产，保障供给，军民兼顾，厉行节约，支援前线，逐渐改善人民生活，建设东北解放区"的基本方针。恢复和发展生产，保证军需民用，支援解放战争，是东北解放区首要的中心工作。

　　在中共中央东北局和东北行政委员会领导下，东北工业生产得到迅速恢复和发展。广大工人克服重重困难，艰苦创业，使煤炭、电力、机械、纺织等工业生产稳步发展。东北解放区的工业由分散、盲目生产转变到统一领导的有计划的生产阶段。

东北行政委员会领导机构
（1946年8月—1948年11月）

主　席：林　枫

副主席：张学思　高崇民

委　员：（27人，以上3人为委员，不另列）

栗又文　吕正操　周保中　冯仲云　万　毅　阎宝航　刘澜波　车向忱　邹大鹏

唐洪敬　于毅夫　陈先舟　李　杜　李延禄　关俊彦　金光侠　宁　武　韩幽桐（女）

周鲸文　哈丰阿　徐寿轩　朱其文　宋慎德　特木尔巴根

1946年8月6日，东北各省代表联席会议在哈尔滨召开，会议选举产生了东北最高政权领导机构"东北各省行政联合委员会"

东北各省代表联席会议会场

为了加强对解放区工业生产的领导，1948年7月，东北行政委员会增设了东北工业部。

东北工业部部长 王首道

东北工业部副部长 陈 郁

中央给各中央局的信
（我党目前对东北的任务
与派干部去发展）

1946年7月7日，中共中央东北局扩大会议通过《关于形势与任务的决议》

1947年1月20日，彭真在各省财经联席会议上《关于工业建设问题》的讲话

1947年5月17日，东北行政委员会发布《关于发展纺织工业问题的指示》

东北行政委员会工作机构

（1946年8月—1948年11月）

秘书长兼办公厅主任　栗又文

民政委员会主任　高崇民　民政部部长　王一夫

司法委员会主任　栗又文　司法部部长　李六如

监察委员会主任　林 枫

公安总处处长（公安部部长）　汪金祥

最高法院东北分院院长　栗又文

东北高级人民法院院长　李六如

司法部部长兼东北人民法院院长　高崇民

外事处处长（外事局局长）　陈 曦

日侨管理委员会主任　栗又文

民族委员会主任　哈丰阿

民族事务部部长　李初黎

战争后勤部部长　叶长庚

荣誉军人管理委员会主任　周 桓

财政委员会主任　叶季壮

经济委员会主任　王首道

财经委员会主任　陈 云　高 岗

财政部部长　叶季壮　顾卓新

工业部部长　王首道　王鹤寿

交通委员会主任（交通部部长）　吕正操

铁道部部长　吕正操

交通部部长　古大存

邮电管理总局局长　陈先舟

农业委员会主任（农业部部长）　林 枫　杜者蘅

商业部部长　叶季壮　王兴让

对外贸易部部长　叶季壮

总会计局局长　李富春

东北银行总经理　曹菊如　朱理治

东北合作管理委员会主任　杨英杰　姜君辰

劳动局局长　唐宏经（唐韵超）

教育委员会主任（教育部部长）　车向忱

高教委员会主任　林 枫

文化教育部部长　车向忱

文物保管委员会主任　高崇民

卫生委员会主任　贺 诚

东北科学院院长　林 枫

东北大学校长　张如心　舒 群

恢复中华全国总工会
召开第六次全国劳动大会

全国第六次劳动大会开幕现场

在解放战争不断胜利的形势下，陈云受党中央的委托，致力于中国工人运动的团结统一，于1948年8月在哈尔滨主持召开了第六次全国劳动大会。图为大会会场外景

当前中国职工运动的总任务*

(一九四八年八月三、四日)

第六次全国劳动大会[201]提出了当前中国职工运动的总任务。总任务是什么？就是要推翻美帝国主义及其走向国民党反动派在中国的统治，建立新民主主义的人民共和国。讲得普通一点，就是打倒国民党反动派，打倒反革命的旧政府，建立革命的新政府。这是现阶段中国工人阶级最高的任务，解放区的工人和国民党统治区的工人都要为此而奋斗。到会的同志都是工人的代表，为工人谋利益，我们应该郑重其事地讨论这个任务，并且广泛地向全国工人阶级宣传这个任务，引导一个工人都了解并为之奋斗，这就是工人阶级服务全国人民的根本利益的任务。

我们讲这个任务，是因为它是总任务，要从工人生活问题上，如国民党统治的工人劳动时间太长，工资太低，组织工会没有自由等等问题讲，凡是有关工人切身的一切问题，我们都要关心，都要帮助解决。但是，如果不完成我们的总任务，要彻底解决这些问题是不可能的……

陈云在大会上作《当前中国职工运动的总任务》报告。在报告中，陈云以毛泽东关于新民主主义革命总路线和总政策的论述为基础，提出了解放战争期间中国工人运动的总任务。

参会代表认真听取陈云在
第六次全国劳动大会上的讲话

欢迎各界代表参加第六次全国劳动大会

参加第六次全国劳动大会的东北各地代表团

一切为了前线！
一切为了胜利！

《东北日报》关于第六次全国劳动大会恢复全国总工会的报道

1948年8月3日，《东北日报》关于第六次全国劳动大会开幕的报道

《东北日报》刊登李立三在第六次全国劳动大会上报告全国总工会章程

　　1947年是解放战争即将取得全国胜利的历史转折时期。随着人民解放军战略进攻的不断胜利和新解放地区的增加，解放区工人阶级队伍不断壮大，工会组织也进入了蓬勃发展的新时期，不仅新解放地区工人在中国共产党领导下迅速建立起工会组织，各解放区都相继建立起地区性产业工会和工会联合会。

东 北 解 放 区 的 工 会 发 展 表

（据不完全统计）

时　间	工会建立情况	时间	职工人数	工会会员数
1946年7月—1948年7月	省市级工会8个、地区或市级产业工会20余个	1948年	247.3万余人	144.8万余人

发布伟大口号
一切为了前线

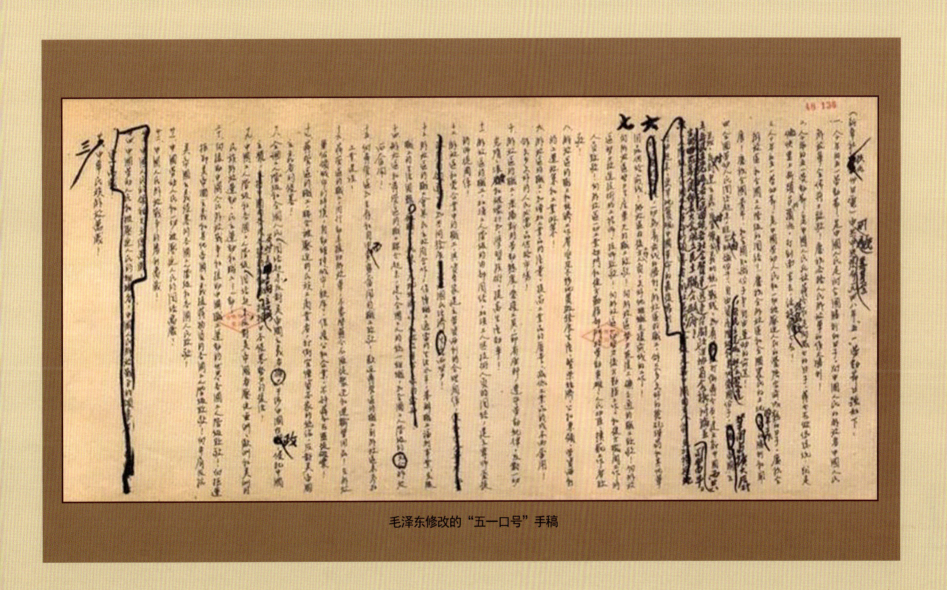

毛泽东修改的"五一口号"手稿

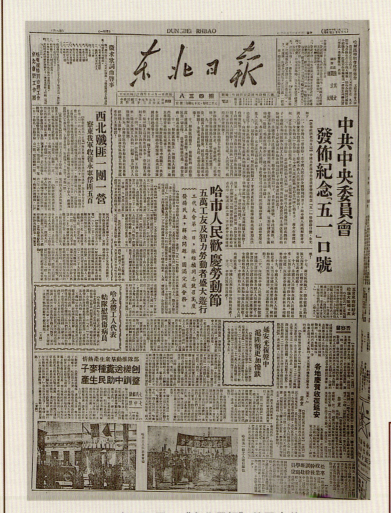

1948年5月3日，《东北日报》关于中共中央委员会发布纪念"五一"口号的报道

1948年5月1日，《晋察冀日报》头版头条刊登"五一"劳动节口号

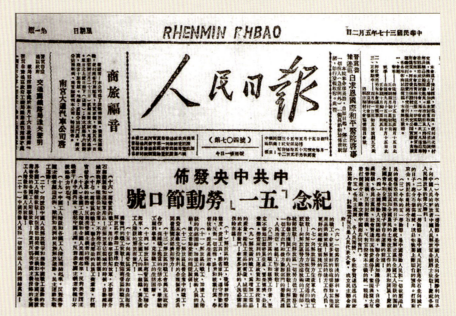

"五一"劳动节口号，提出解放区和蒋管区职工联合起来，为建立全国工人的统一组织，为全国工人阶级的解放而斗争。图为5月2日，《人民日报》头版全文刊发的"五一口号"

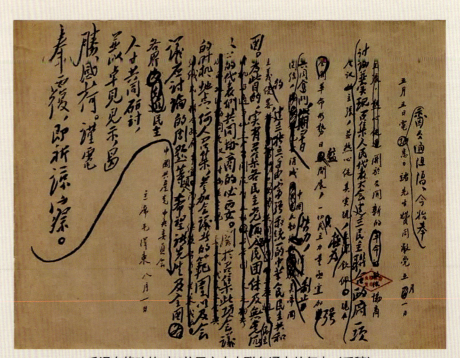

毛泽东修改的对12位民主人士联名通电的复电（手稿）

1948年"五一口号"全文

（一）今年的五一劳动节，是中国人民走向全国胜利的日子。向中国人民的解放者中国人民解放军全体将士致敬！庆祝各路人民解放军的伟大胜利！

（二）今年的五一劳动节，是中国人民死敌蒋介石走向灭亡的日子，蒋介石做伪总统，就是他快要上断头台的预兆。打到南京去，活捉伪总统蒋介石！

（三）今年的五一劳动节，是中国劳动人民和一切被压迫人民的觉悟空前成熟的日子。庆祝全解放区和全国工人阶级的团结！庆祝全解放区和全国农民的土地改革工作的胜利和开展！庆祝全国青年和全国知识分子争自由运动的前进！

（四）全国劳动人民团结起来，联合全国知识分子、自由资产阶级、各民主党派、社会贤达和其他爱国分子，巩固与扩大反对帝国主义、反对封建主义、反对官僚资本主义的统一战线，为着打倒蒋介石，建立新中国而共同奋斗。

（五）各民主党派、各人民团体、各社会贤达迅速召开政治协商会议，讨论并实现召集人民代表大会，成立民主联合政府！

（六）一切为着前线的胜利。解放区的职工，拿更多更好的枪炮弹药和其他军用品供给前线！解放区的后方工作人员，更好的组织支援前线的工作！

（七）向解放区努力生产军火的职工致敬！向解放区努力恢复工矿交通的职工致敬！向解放区努力改进技术的工程师、技师致敬！向解放区一切努力后方勤务工作和后方机关工作的人员致敬！向解放区一切工业部门和后方勤务部门的劳动英雄、人民功臣、模范工作者致敬！

（八）解放区的职工和经济工作者，坚定不移地贯彻发展生产、繁荣经济、公私兼顾、劳资两利的工运政策和工业政策！

（九）解放区的职工，为增加工业品的产量，提高工业品的质量，减低工业品的成本而奋斗！拿更多更好的人民必需品供给市场！

（十）解放区的职工，发扬新的劳动态度，爱护工具，节省原料，遵守劳动纪律，反对一切怠惰、浪费和破坏行为，学习技术，提高生产效率！

（十一）解放区的职工，加强工人阶级的内部团结，加强工人与技术人员的团结，建立尊师爱徒的师徒关系！

（十二）解放区私营企业中的职工，与资本家建立劳资两利的合理关系，为共同发展国民经济而努力！

（十三）解放区的职工会与民主政府合作，保障职工适当的生活水平，举办职工福利事业，克服职工的生活困难。

（十四）解放区和蒋管区的职工联合起来，建立全国工人的统一组织，为全国工人阶级的解放而奋斗！

（十五）向蒋管区为生存和自由而英勇奋斗的职工致敬！欢迎蒋管区的职工到解放区来参加工业建设！

（十六）蒋管区的职工，用行动来援助解放军，不要替蒋介石匪徒制造和运输军用品！在解放军占领城市的时候，自动维持城市秩序，保护公私企业，不许蒋介石匪徒破坏！

（十七）蒋管区的职工，联合被压迫的民族工商业者，打倒官僚资本家的统治，反对美帝国主义者的侵略！

（十八）全国工人阶级和全国人民团结起来，反对美帝国主义者干涉中国内政、侵犯中国主权，反对美帝国主义者扶植日本侵略势力的复活！

（十九）中国工人阶级和各国工人阶级团结起来，反对美帝国主义者压迫亚洲、欧洲和美洲的民族解放运动、民主运动和职工运动！

（二十）向援助中国人民解放战争和推动中国职工运动的世界各国工人阶级致敬！向拒运拒卸美帝国主义和其他帝国主义援蒋物资的各国工人阶级致敬！向并肩反抗美帝国主义侵略的各国工人阶级和各国人民致敬！

（二十一）中国劳动人民和一切被压迫人民的团结万岁！

（二十二）中国人民解放战争的胜利万岁！

（二十三）中华民族解放万岁！

　　1948年7月31日，第六次全国劳动大会筹备委员会在哈尔滨召开预备会议，经过热烈讨论，一致通过决定，为了继承中国工人运动的光荣传统，统一中国工人运动的领导，集中工人阶级的力量，联合一切民主爱国阶级，迅速推翻国民党的反动统治，接受中国劳动协会，上海、天津等代表团的提议，把即将召开的大会定名为"第六次全国劳动大会"，将由大会产生的全国性组织恢复为中华全国总工会的名称。图为由毛泽东主席题写、沈阳工人制造的中华全国总工会牌匾

吉林工人庆祝"五一"劳动节游行，
号召争做劳动生产的功臣

1946年齐齐哈尔铁路工人走上街头，庆祝"五一"劳动节

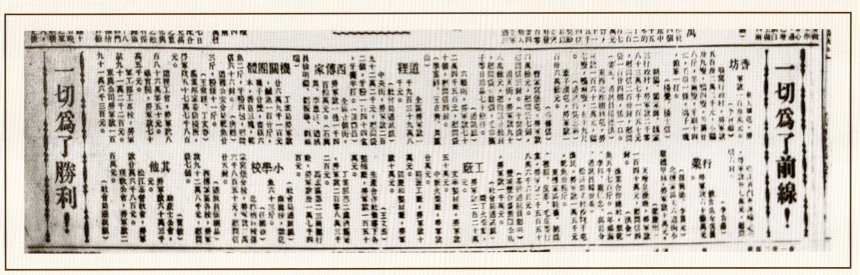

《哈尔滨日报》刊文号召"一切为了前线！一切为了胜利！"

营口盐厂工人在收盐

恢复生产支援前线

我军某部首长在生产动员会上说明任务

工人兄弟们武装起来保卫胜利果实

哈尔滨市翻身工人积极参加东北民主联军

锦州最大的工厂——合成燃料厂的工人在党组织领导下，开展"护厂复工"活动

锦州解放后工人正在修理缴获敌人的空军用卡车

锦州解放后工人们立即上班生产

解放后的锦州合成燃料厂更名为锦州合成炼油厂

煤炭矿山

抚顺采煤区工人正在修复矿山

南满解放区的煤矿工人

抚顺煤矿工人在开采煤矿

东北丰富的煤矿资源

妇女同志在筛选矿石

为恢复煤炭生产，工人们组织起来开展劳动竞赛。图为煤矿职工加紧生产，支援前线

1948年12月，抚顺露天矿工人在人工钻爆破孔

张子富

　　山东省莒县人，1945年进入抚顺露天煤矿当工人，后任组长、队长、工会副主席。1949年加入中国共产党。1949年创建生产突击组，专选最重最苦最累的活干。他积极改进劳动组织，提高生产效率，带动全矿区职工掀起生产高潮，光荣地被选为"全面劳动英雄"。

露天矿与电机工厂全体工人在工会领导下订立集体合同

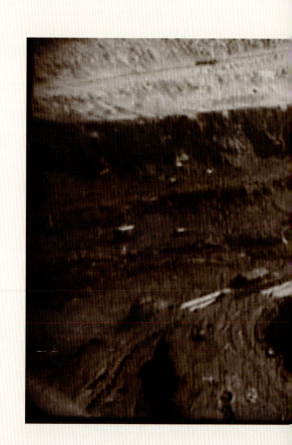

张子富所领导的模范手装车突击队，每人每天装三十九车煤，打破全矿最高纪录

一年艱苦恢復
雞西煤礦產量激增

半年產煤超過任務百分之十一
今年計劃增產至二百一十萬噸

【雞訊】東北工礦處雞西區恆山、滴道、城子河四個煤礦，在一年左右的困苦經營中，恢復工作及生產獲得很大成績。去年下半年六十萬噸的生產任務，超過了百分之十一，去年年底，在緊張的四十四天突擊運動（爲了供給東北解放區在最冷季——舊曆年前後——的軍用民需）中，又作出雞西區一九四八年的生產計劃，全年要完成二百二十萬噸的產煤任務。

雞西煤礦由於敵僞在「八一五」前後進行了有計劃的破壞，及以後相當時間內又無人經營，故前年九月接收恆山礦時，所有坑口、捲電、倉庫、房屋等設備被破壞達百分之六十。該礦段備原來就差，「八一五」後，更被破壞和搬運一空。去年二月接收滴道和城子河礦，城子河礦遭受破壞更嚴重，無一完整段備，職工僅餘四十餘人，礦山即使電力機器，也均被破壞。雞西發電所殘電機，也沒有電力機器，以職工來說，敵僞時四個礦山約有兩萬六千餘人，「八一五」後，被敵驅、強抓而來的工人均逃散，其餘也因生產停頓逐漸星散，工礦處接收時，已不到十分之一，合約二千五百餘立…

抚顺的露天煤矿　　　　　　　　　　　　　　　　　　　　　　　　　　煤矿运输

1948年3月17日，《东北日报》关于鸡西矿区广大职工积极恢复煤矿生产、煤矿产量激增的报道

电力工业

恢复电力

小丰满水电站发电机组

哈尔滨发电厂工人修理发电机

北满工人修理发电机组

1948年5月，国民党政府下令南迁，中央电工器材厂工人成立护厂队抵制南迁坚决护厂，沈阳解放后将工厂移交给市军管会。图为该厂工人护厂时留下的电动机

长春解放后电业工人在修理电线

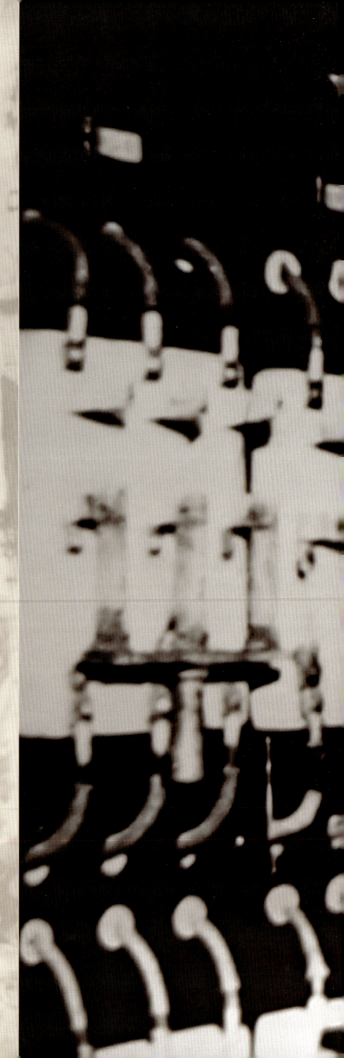

维修线路　恢复供电

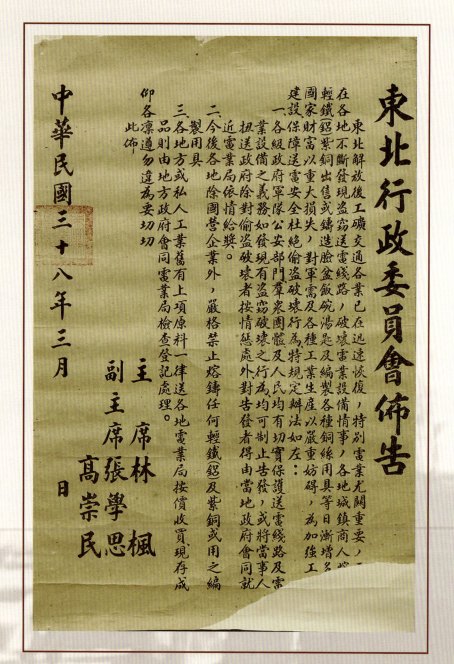

東北行政委員會佈告

東北解放後工礦交通各業已在迅速恢復，特別電業尤關重要，而各地不斷發現盜竊送電線路，破壞電業設備，商人以輕鐵鋁出售或鑄造臉盆飯碗湯匙及編製各種銅絲用具等日漸增多，國家財富以重大損失，對軍需及各種工業生產妨碍，為加強工業建設保障送電安全杜絕偷盜破壞行為特規定辦法如左：

一各級政府軍警團體及人民均有切實保護電線路及電業設備之義務如發現有盜竊破壞之行為均可制止或將當事人扭送政府除對偷盜破壞者按情懲處外對告發者得由當地政府會同就近電業局依情給獎。

二今後各地除國營企業外，嚴格禁止熔鑄任何輕鐵鋁及紫銅或用之製用具，三各地方或私人工業舊有上項原料一律送各地電業局按價收買現存成品則由地方政府會同電業局檢查登記處理。

仰各凜遵毋違為要切切

此佈

主席　林　楓
副主席　張學思
　　　　髙崇民

中華民國三十八年三月　　日

刘英源（左一）带领工人抢修发电设备

长春解放后电车也开始出动了

1949年3月东北行政委员会关于保护电力设备的布告

東北畫報 34

DUNGBEI XUABAO

刘老英雄

蘇暉 作

《刘老英雄》 苏晖 作

四　水塔漏了水。必須下到水裡才能堵住。這時天又冷水又深，水眼又多，可是他不管一切脫掉棉褲褲跳進水裡。

八　去年哈市公營工廠群大會劉英源被推選為特等勞動英雄。

五　第十四層葉片又脫離了基體。齊局長就讓他大胆鬧心夫婦。讀時有人就說：「你老傻修到五啦！這是日本人家的貨！」可是劉英源不管一切日夜苦心研究，有廿多天未回家睡覺，熬得兩眼紅腫，身體瘦下來。最後成功了。

九　在竪井正拆卸機器，突然下起大雨，很多工人躲開了雨。劉英源一見心裡著急。因起運時間快到，候了檢修要多一筆很大車費很不是浪費公家。但又不便回大家竟冒雨去做。「劉老英雄那人車子還不怕！咱們怕啥！」工人們也都冒雨幹起來。

二　那是九月間，三號發電機起了火，他不顧一切危險，頭臉汗黃板，冒火撲上前，並大喊：「搶救發電機呀！現在不是過去了！」

六　以往冷池管常被木片樹葉一些垃圾東西塔住，使機器發生毛病，劉英源精心研究做造出一個「篦子蓄過器」免去了很多麻煩。

十　他又幫着東安發電廠將發電機修好。都稱讚說：「中國也有能人。」全廠照劉老英雄一面錦旗寫着：「技術之光」

一　前年七月間，國民黨停止送電，哈市工廠停工，電燈熄滅，電業局號召恢復火力資電，修理股長劉英源給發電廠做工廿多年，他和工人曾號召他說：「現在是共產黨來領導，工廠就是咱們的家要克服一切困難」。

三　修理不久葉片說雄。為滿時要逢日本用電機戰好，現在他用大鏈使他合攏起來。

七　為供給人們更多的電量，他又提出修理已廢壞的「五、六」號發電機，拆開前二點一一，起重裝載量甘噸，要起三十噸的固定了大家都愣了頭，他就召用桂子幫助運轉。

十一　現任哈市發電廠廠長。工作負責生活樸素，全廠人不稱他廠長叫他劉老英雄。

炼钢铸铁

人民政府接收的鞍山炼钢厂

清洗设备

1948年2月19日鞍山市解放，中共中央东北局接管鞍钢，全市开展了群众性献交器材运动，广大职工纷纷响应，献交器材21万件。图为鞍山工人献交电机

鞍钢工人用献交的器材工作

解放后
沈阳知名的铁西工厂区

"孟泰仓库"

鞍钢恢复生产时,孟泰和工友跑遍十里厂区,在泥里、水里、蒿草丛里,搜寻收集了上万件零部件和器材,一件一件清洗修复,存放在高炉旁一座简陋铁房里,建成"孟泰仓库",炼铁厂修复3座高炉所用的管道系统材料全部出自"孟泰仓库",没花国家一分钱。修复二号高炉用上了"孟泰仓库"各种型号三通水门1300个。"孟泰仓库"成为鞍钢工人艰苦奋斗、勤俭建国主人翁精神的标志。

在修复高炉过程中，孟泰吃住在高炉。他手里拎着管钳子，围着炉台仔细检查，人们说：孟泰对高炉的爱护劲儿，胜过爱护自己的孩子。

孟泰仓库

鞍钢恢复生产时，孟泰和工友跑遍十里厂区，在泥里、水里、蒿草丛里，搜寻收集了上万件零部件和器材，一件一件清洗修复，存放在高炉旁一座简陋铁房里，建成"孟泰仓库"。炼铁厂修复3座高炉所用的管道系统材料全部出自"孟泰仓库"，没花国家一分钱。修复二号高炉用上了"孟泰仓库"各种型号三通水门1300个。"孟泰仓库"成为鞍钢工人艰苦奋斗、勤俭建国主人翁精神的标志。

孟泰精心修复器材

接收鞍钢后，动员工人自己动手修复钢厂设备

沈阳解放后立即开展"护厂复工"和"献纳器材"活动，得到广大工人的积极响应。图为铁西工人踊跃献纳器材，为恢复生产做贡献

制造部翻砂模具

1947年7月1日，大连进和商会和大华矿业株式会社由苏联移交给中方，在中国共产党的领导下，工人们以主人翁的姿态，积极投入到恢复生产的战斗中。大连炼钢厂主要以电炉炼钢为主，到1947年末，就恢复到月产90吨的水平，而且经过反复研制，该厂在我国冶炼史上首次成功地炼出了合格的用于加工炮弹引信支耳镍铜合金。

1948年11月2日，东北行政委员会工业部接管本溪湖煤铁公司，组建5处、7部和32个厂矿，开始抢修设备，开展献交器材活动，恢复生产。11月11日，特殊钢厂250公斤感应炉炼出本溪湖煤铁公司解放后第一炉特殊钢。图为本溪炼铁厂加紧生产支援全国

造纸纺织

安东造纸厂重新开工建设，积极装备机器

哈尔滨道外印刷厂曾为我军印刷文件的机器

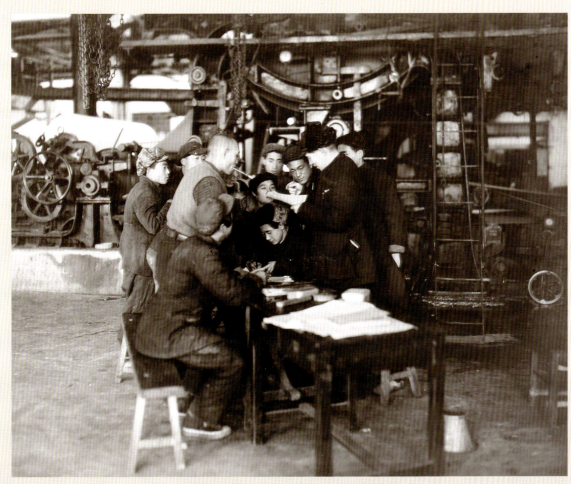

鸭绿江造纸厂技术人员与工人计算产量

鸭绿江造纸厂原料车间

鸭绿江造纸厂成品车间

东北毛纺厂一角

东北解放区被服厂工人赶制军装，支援我军作战

纺织工人加紧生产保证前方供应

《哈尔滨日报》发布"全力支援前线争取早日胜利"的号召

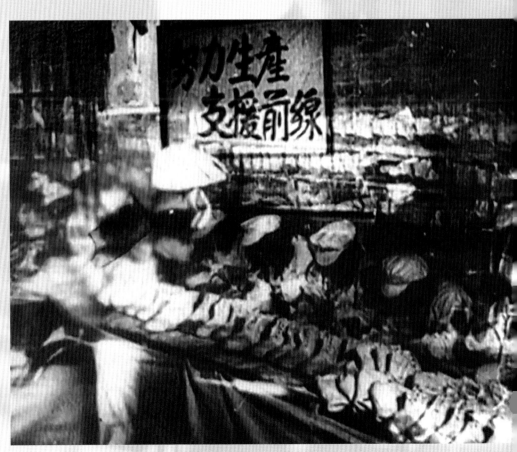

东北解放区军需厂工人们制作大批鞋子支援前线

夏秋冬攻势中，解放区人民把做好的军衣等送上前线

秋季攻势后，解放区人民赶制棉衣支援前线

《哈尔滨日报》关于军鞋生产纪录空前的报道

沈阳解放后，纺纱厂恢复生产

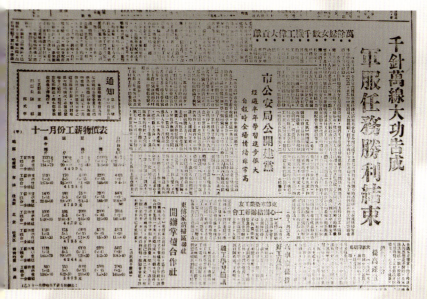

《哈尔滨日报》关于军服任务胜利结束的报道

常永芬，新中国成立后安东市（今丹东）第一位全国劳动模范。1947年6月，安东第二次解放后，常永芬到安东光华织绸二厂当上了一名纺织女工，她改造传统的操作方法，成为市、省和东北地区丝织战线的带头人，她创办的学习方式被称为"常永芬技术学校"。1950年第一届全国劳模大会上，常永芬代表东北劳模向毛泽东主席敬献锦旗。

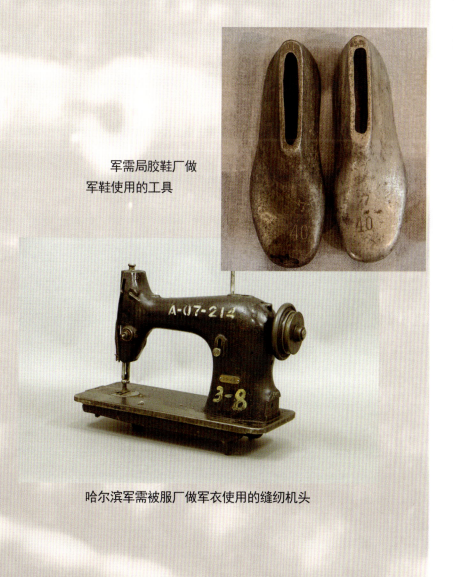

军需局胶鞋厂做军鞋使用的工具

哈尔滨军需被服厂做军衣使用的缝纫机头

常永芬耐心地向徒弟讲解操作方法并做示范

修桥

修桥筑路

翻身农民和觉悟的工人修复了松花江大桥

解放区人民积极修桥补路支援我军

筑路

辽沈战役前夕，铁路工人配合铁道纵队抢修四平铁路

铁路工人积极抢修图们岭铁路

哈、牡两铁路局工友们积极修复拉滨线铁路

修复后的拉滨线铁路通车运行

佳木斯江桥通车

1948年10月24日，陶赖昭大桥竣工通车典礼，陈云亲临典礼现场，他在讲话中说，陶赖昭大桥的通车，是为东北人民修通了一条胜利之路。

汽车运输兵开往北宁线

强大后勤部队把大批物资运往辽西前线

辽沈战役中后勤汽车运输队把大批粮食物资运上前线

为了把北满解放区的火车开过松花江去，支援我军解放长春、沈阳，
铁道纵队集中力量抢修哈长线上的陶赖昭松花江大桥

新中国第一部长故事片《桥》海报

1948年10月，东北电影制片厂根据抢修佳木斯大桥的历史，筹备拍摄了长故事片《桥》

电影《桥》剧照

东北解放区国营工业主要产品统计表

类 别	产 品	单 位	时间		
			1946年	1947年	1948年
金 属	砂 金	两	118	326	46969
	山 金	两	—	264	13403
煤	煤	吨	738186	2350487	5460739
电	电	千瓦时	（缺）	175229	414080
水 泥	水 泥	吨	—	—	18541
纸	一半烟纸	吨	1459	2101	4053
橡 胶	鞋	千双	80	552	2020
纺织品	纱	件	9314	1818	36797
	布	匹	211981	36386	527612
木 材	木 材	立方米	—	500000	1450000

第三部分
军工生产

　　东北三年解放战争期间，军事工业从无到有，从小到大，从枪械维修、生产部分弹药到修理坦克火炮、生产各种枪支大炮，取得了显著成就。东北军工企业生产了充足的弹药，不仅为东北野战军进行大规模战役提供物质保证，也给予了其他解放区大力支援。

东北军事工业应全力接济关内，目前开始的一年内，你们必须用大力建立大规模军事工业。

——毛泽东：《一年作战总结及今后计划》

（1947年7月10日）

1947年，毛泽东3次电示东北局，全力加强军事工业建设，这是毛泽东关于加强军工生产的指示手稿。

1947年9月14日，东北局军工会议在哈尔滨召开。会议决定成立东北军区军工部，何长工任部长，韩振纪、王逢源任副部长。图为东北军工部党委扩大会留影

军工部部长何长工

机械操作台上的何长工

1946年8月，军工部开始在各地建立兵工厂，到1947年10月，军工部在珲春、兴山、佳木斯、鸡西、哈尔滨等地建立了 14 个兵工厂。图为哈尔滨实验总厂生产的60迫击炮

兴山子弹厂工人挑选子弹壳

兴山子弹厂工人往车间推设备

北满兵工厂职工

兴山子弹厂机器待安装

工友们把修好的大炮献给我军

工人们制造大批60炮支援前线

1948年9月3日，哈尔滨铸造60迫击炮弹壳的部分工人合影

绥中县塔子沟制造手榴弹地雷工厂全景

大连建新公司军工生产用的锭床

大连建新公司原装配车间

1947年年初，中央军委作出了在大连建设军工生产基地的决策。图为大连建新公司原炮弹包装车间

东北军工体系的建立，为解放战争的胜利奠定了重要的物质基础。图为当时大连建新公司试验炮弹现场

大连建新公司庆功大会，特等、一等功臣模范合影

東北軍事工業先進生產者代表大會留影 1950.7.1

东北军事工业先进生产者代表大会留影

东北兵工厂新制出的大炮准备运送关内

大连建新公司是中国共产党建立的第一个也是最大的现代化军工联合企业，生产的弹药，有力地支援了解放战争时期全国各战场。淮海战役中，大连建新公司生产的武器弹药主要供给了华东战场。图为大连建新公司生产设备

东北军事工业发展情况统计表
(1947年—1949年)

地 区	厂 名	备 注
兴 山	子弹厂	共有各型机器设备958台，职工6490人。
兴 山	手榴弹厂	
兴 山	炼钢厂	
鸡 西	手榴弹厂	
鸡 西	迫击炮弹厂	
鸡 西	小机械厂	
东 安	化学厂	
东 安	电器材料厂	
东 安	迫击炮弹厂	
石 砚	手榴弹厂	
齐齐哈尔	60炮弹厂	
佳木斯	修械厂	
牡丹江	修炮厂	
辑 安	兵工厂（制造手榴弹、92步兵炮弹和山炮弹）	

东北解放区军工产品统计表
(1947年10月—1948年9月)

类 别	产品名称	数 量
弹药类	子 弹	8240783发
弹药类	手榴弹	1635039枚
弹药类	掷弹筒弹	205930发
弹药类	各种炮弹	1053007发
弹药类	无烟药	31吨
弹药类	浓硫酸	16015吨
弹药类	浓硝酸	14897吨
枪炮类	信号枪	1483支
枪炮类	60毫米迫击炮	932门
枪炮类	81、82毫米迫击炮	48门
枪炮类	92步兵炮	4门
电讯类	15瓦手摇发电机	296部
电讯类	立式电话机	335部
电讯类	四灯收报机	167部
电讯类	15瓦发报机	139部
电讯类	超短波机	32部
电讯类	干电池	42384个
其他类	骑兵马刀	3579把
其他类	军镐、铁锹	39900把
其他类	炼 钢	4564吨

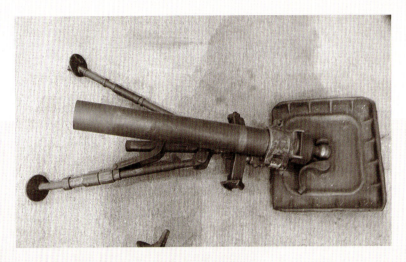

大连建新公司五二三厂

军工厂生产的60迫击炮

吴屏周（1916-1947）

安徽巢县人。1938年加入中国共产党。历任新四军第二师军工部政委、华中军区军工部副政委。1946年调赴大连，1947年任大连建新公司裕华工厂（炮弹厂）厂长。在进行弹体爆破试验时，因炮弹意外爆炸牺牲

刘仁刚（1912-1952）

辽宁大连人。1946年8月，加入中国共产党。任大连建新公司第三职场场长，在"五一"评功选模时，他被评为特等功臣、一等劳动模范。1952年1月4日，刘仁刚不幸逝世，终年40岁。他热爱党、热爱工作，为军工生产贡献自己的一切

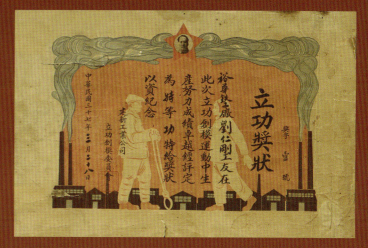

1948年3月28日，大连建新公司刘仁刚荣获的特等功奖状

1949年6月18日，大连建新公司刘仁刚荣获的奖状

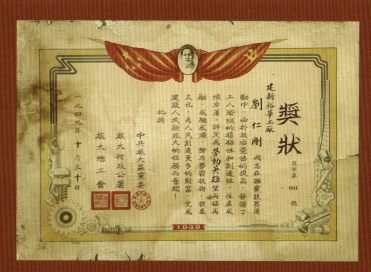

1949年10月30日，大连建新公司刘仁刚荣获的劳动英雄奖状

第四部分

铁路运输

东北解放战争初期，广大铁路工人在党的领导下发扬了高度的主人翁责任感，在器材不足、粮食缺乏等困难情况下抢修铁路，修复机车。为了加快解放战争的胜利步伐，铁路员工们提出"解放军打到哪里，铁路就修到哪里，火车就开到哪里！"的口号。到辽沈战役前，东北解放区接收和修复铁路5000多公里，修复机车800多台，保证军用物资准时、安全地运送到作战地区，为战争的胜利打下了坚实的基础。

铁路运输

东北解放战争初期，广大铁路工人在党的领导下发挥了高度的主人翁责任感，在器材不足、粮食奇缺等困难情况下抢修铁路，复活机车，为了加快解放战争的胜利步伐，铁路员工们提出：解放军打到哪里，铁路就修到哪里，火车就开到哪里！到辽沈战役前，东北解放区接收和修复铁路5000多公里，修复机车800多台，保证军用物资准时、安全地运送到作战地区，为战争的胜利打下了坚实的基础。

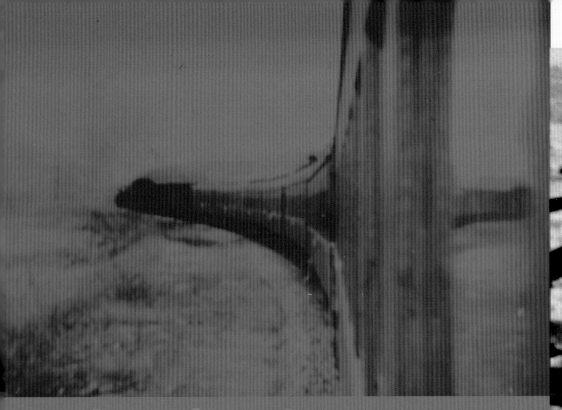

我军打到哪里
铁路工人就把铁路
修到哪里

铁路工人修筑铁路

十余万员工努力抢修，
东北铁路将近全通

锦州铁路员工在战斗
中英勇保护物资器材

火车、汽车齐出动，大批物资运往前线

东北铁路工人积极抢修中长铁路

锦州解放后铁路工人报名参加工作

针对运输任务重、机车缺少的情况，1946年在军代表和党组织的领导下，轰轰烈烈地开展了"死车复活运动"。图为铁路工人修理破损的机车

铁路工人在修复机车

哈尔滨机务段毛泽东号机车及竞赛委员会全体合影

"毛泽东号"机车牌

毛泽东号机车长、特等英雄郭树德

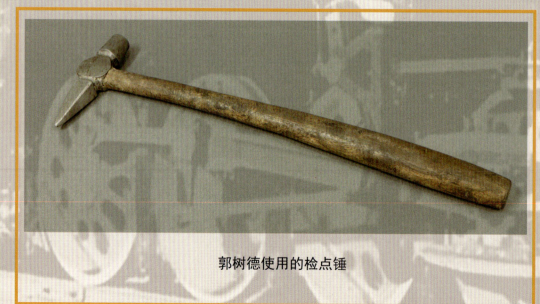

郭树德使用的检点锤

刚修复完的"毛泽东号"机车

1947年，为庆祝"五一"劳动节，向朱德献礼，哈尔滨机务段工人修复了解放型1191号蒸汽机车，朱德号机车进行了第一次换型

朱德号机车

秘密列车的艰险历程

1948年9月28日—10月2日

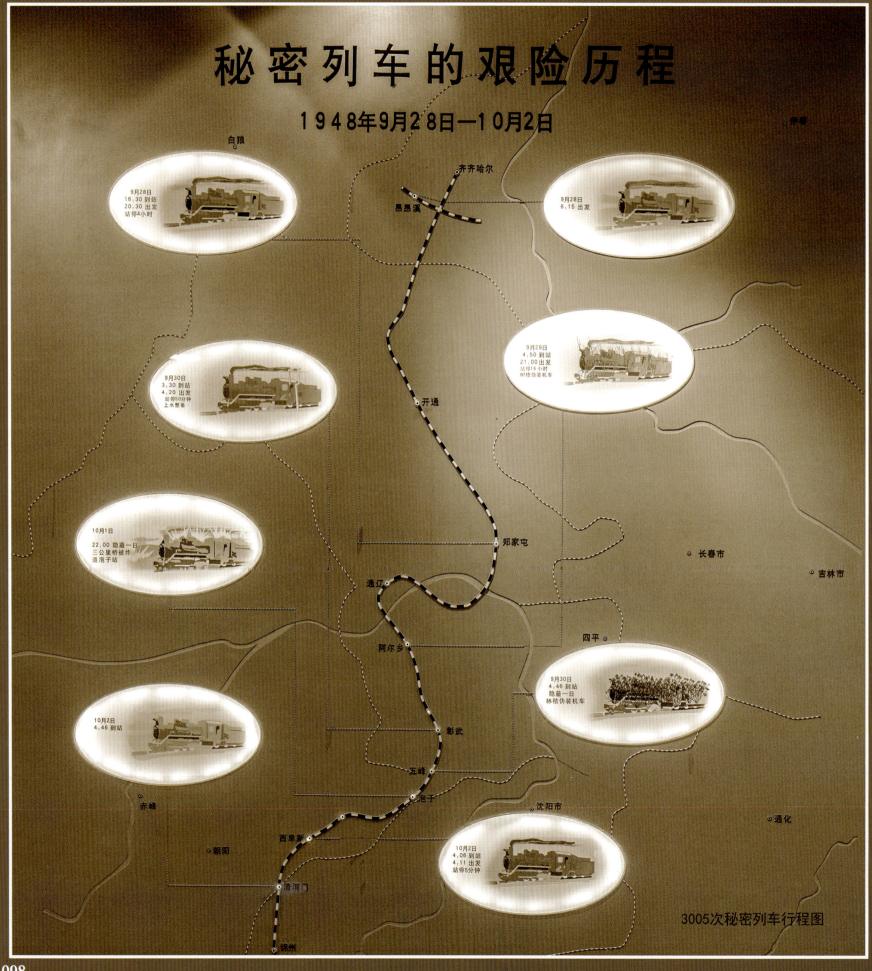

3005次秘密列车行程图

3005次列车信号灯

3005次列车乘务组党支部书记穆成斌荣获的劳动英雄奖章和使用的检点锤

3005次列车司机徐诚忠荣获的功劳奖章

1948年12月5日,《东北日报》关于3005次列车完成重大军运任务的报道

1948年10月1日,国民党军炸毁了彰武附近的铁路大桥。彰武铁路工人和铁道纵队一起奋力抢修,第二天就架起临时便桥,使军运列车及时通过

刘仁刚

刘仁刚（1912-1952），辽宁
大连人，1946年8月，加入中国
共产党，任大连建新公司第三
营场场长，在"五一"评功选模
时，他被评为特等功臣，一等
劳动模范。1952年1月4日，
刘仁刚不幸逝世，终年40岁，他
热爱党、热爱工作，为军工生产
贡献自己的一切。

吴屏周

吴屏周（1916-1947），安徽
巢县人。1939年加入中国共产党。
历任新四军第二师军工部原长、
华中军区军工部副政委。1946年
调赴大连，1947年任大连建新
公司裕华工厂（地弹厂）厂长。在
进行弹体爆破试验时，因地弹
意外爆炸牺牲。

第 五 部 分

东北解放战争中涌现的劳动模范

东北解放战争中，中共中央东北局领导各级党委、政府和工会组织坚决贯彻党的"发展生产""支援前线"等方针政策，陆续开展了献交器材和群众性生产竞赛运动，发现并培养劳动模范，推行工人阶级教育，有力地调动了广大职工的生产积极性和创造精神，生产得以迅速恢复，涌现出了孟泰、马恒昌等新解放城市中的"工业劳模"和"支前劳模"。

高炉卫士—— 孟泰

孟 泰

孟泰（1898—1967），河北省丰润县人。 鞍钢工会副主席。1949年8月1日加入中国共产党，成为解放后第一批工人党员。"跟共产党走，棒打不回头。"面对急需修复、如废铁一般的高炉，孟泰带领工友刨开冰雪，搜集机器零件，硬是在物资极度匮乏的情况下建成著名的"孟泰仓库"，没花国家一分钱，就实现了鞍钢高炉恢复生产，为新中国钢铁工业奠定了雏形。鞍钢以"高炉卫士"孟泰为榜样，发起了一场轰轰烈烈的献交器材运动。从一片废墟到恢复生产，鞍钢人只用了不到16个月的时间。这种爱厂如家的主人翁精神，后来被誉为"孟泰精神"，在全国职工中产生深远影响，成为工人阶级勤俭节约、艰苦创业的象征。他是第一、二、三届全国人大代表，全国劳动模范。2009年被评为100位新中国成立以来感动中国人物之一。

朱德接见孟泰（一排右四）
等鞍钢劳动模范

孟泰在仓库挑选回收修复的管件

特等劳动模范—— 刘英源

刘英源

刘英源（1898—1978），中共党员，河北省阜城县人。1946年4月，哈尔滨解放后，担任发电厂机修主任，在敌人封锁和哈尔滨断电的情况下，带领工人将工厂仅有的材料凑起来，修好了三台小型发电机，解决了重要机关和工厂的用电。后来又反复试验，改造成一部完整的大型发电机组，缓和了哈尔滨市电力紧张的局面，在当时东北解放区是创举，他的名字轰动了全东北。1947年在哈尔滨市第三届劳模大会上，当选为特等劳动模范。东北电影制片厂以此为素材拍摄了故事片《光芒万丈》。1948年长春解放后，任长春发电厂厂长。1949年10月1日，刘英源出席中华人民共和国开国大典。成为第一届全国人民代表大会代表，中国人民政治协商会议第一届、第四届、第五届全国委员会委员。先后当选为劳动英雄、特等劳动英雄。

电影《光芒万丈》海报

兵工事业开拓者——吴运铎

吴运铎

吴运铎（左一）与大连建新公司同志们合影

吴运铎（1917—1991），湖北省武汉市人。1938年参加新四军，1939年加入中国共产党。中国兵器制造专家。在生产和研制弹药中他三次负伤，失去了左眼、左手，右腿致残。经过20余次手术，他仍坚持战斗在生产第一线。1947年，吴运铎奉命去大连建立引信厂并担任厂长。一次试验弹药爆炸力时发生意外，他被炸得浑身是伤。当他能活动时，便请示领导买来化学药品和仪器，将病房变成实验室，研制成一种高效炸药。

吴运铎被誉为"中国的保尔·柯察金"。他的自传体小说《把一切献给党》，影响了几代人。2009年被评为100位为新中国成立做出突出贡献的英雄模范人物之一。

马恒昌

马恒昌小组

中国工人阶级的一面旗帜—— 马恒昌

　　马恒昌（1907—1985），辽宁省辽阳市人。1948年进入沈阳第五机器厂当工人。1949年加入中国共产党，全国劳动模范。1948年11月，沈阳刚刚解放，身为沈阳第五机器厂工人的马恒昌带领他的生产小组连续作业，提前5天完成了17部火炮核心配件"闭锁机"的修复生产任务。他们带头向全厂职工倡议开展"红五月"劳动竞赛，并以优异的成绩获得"生产竞赛模范班"的红旗。在授旗会上，这个组被正式命名为"马恒昌小组"，马恒昌任组长。他用实际行动践行了东北工人阶级"听党话、跟党走"的坚定信念。新中国成立初期，马恒昌又向全国各行各业发起挑战，带领组员展开劳动竞赛，搞生产革新，改进14种工具，提高工效两倍多，创造了提前22天完成4个月工作量的新纪录，从此"马恒昌小组"成为全国工业战线的一面旗帜。2009年被评为100位新中国成立以来感动中国人物之一。

赵桂兰

赵桂兰荣获的全国劳动模范奖章

赵桂兰荣获的"模范的共产党员，优秀的中华儿女"奖旗

党的好女儿—— 赵桂兰

　　赵桂兰，1930年12月出生于山东省安邱县，11岁起先后到日本人管辖的苹果园和辽东纺织厂当童工，1946年2月参加革命工作，在大连国光工厂化学配置室管理药品。她没上过学，识字不多，要记住化学药品的名称、符号十分困难，但她苦学苦练，不仅很快熟悉了各种化学药品，还学会了各种配方。赵桂兰在工作中兢兢业业，刻苦钻研，严格遵守劳动纪律，年年被评为劳动模范。1948年12月，她光荣地加入了中国共产党。从此，她处处以共产党员的标准严格要求自己，哪里困难大，就出现在哪里，在危险面前从不退缩。

　　1949年12月19日，赵桂兰带病坚持上班。下班时，她手持雷汞准备送到配置室，途中突然头晕腿软，为保护工厂安全，她紧握雷汞不放，跌倒时雷汞爆炸致残，保护了工厂的安全。从此，人们亲切地称赵桂兰为"党的好女儿"。1950年，赵桂兰被评为"护厂英雄"、全国劳动模范。作为特邀代表参加了全国政协一届二次会议。

"铁牛运动"旗手——杜先扬

　　杜先扬(1919—1963)，黑龙江省哈尔滨市人，中共党员。1947年7月，为支援前线，绥化机务段的职工克服重重困难，修复一台破损严重的机车，作为司机长的杜先扬，代表机车组包下这台车。他团结全组9个人一心爱车。到1949年2月14日，安全行走10万公里。

　　为了表彰96号机车组的功绩，绥化机务段正式将机车命名为"铁牛号"。 1949年3月15日， 东北行政委员会铁道部部长吕正操发布通令，给铁牛号机车组全体员工记特等功1次，授予杜先扬"铁牛运动"旗手称号。1950年2月，铁牛号光荣地承担了牵引毛主席专列的任务。9月，作为东北铁路工人代表，他出席了全国工农兵劳动模范代表大会。

杜先扬

杜先扬和他的包乘组

"铁牛号"机车小组开会检查工作，并拟定今后的改进办法

新纪录运动的创造者—— 赵国有

赵国有，1924年3月出生于辽宁省辽阳县，中共党员。沈阳第三机器厂车工。1948年东北解放后，工人们纷纷站出来，挑担子、出主意、想办法、献力量，东北解放区的工作重点转移到经济建设方面来。工人们在积极恢复生产的同时，开展了以发明创造、技术改进、提合理化建议、节约原材料为内容的"创造新纪录运动"。

1949年，沈阳第三机器厂开始试制一款加工皮带车床，赵国有得知沈阳第四机器厂的工人车一个塔轮只用4个小时，工效翻了一番。赵国有铆着一股劲儿，索性把铺盖卷搬到厂里，白天黑夜连轴转，创造了加工一个塔轮时间为3个小时的新纪录。他从改进工具着手，经过反复尝试，到年底终于把单个塔轮的加工时间缩短到50分钟。1950年9月，赵国有参加全国工农兵劳动模范代表会议，并在大会上发言。

赵国有

劳动模范代表赵国有受奖

"毛泽东号"机车司机长—— 李 永

　　李永（1901—1973），吉林省永吉县人，中共党员。1947年，李永开始担任毛泽东号机车司机长。1948年首先推行包乘负责制、新行车制和循环运转制。李永领导大家学习三锹投煤法，节省燃煤，又研究出省油的新办法，使毛泽东号首创每月安全行车7500公里的全国最高纪录，在东北线路实现新行车制时，毛泽东号首创41.8公里的技术速度（当时的最高纪录），半个月抢点100多分钟。推行循环运转制时，首先由毛泽东号开始示范，创造了机车停车时间缩短到15分钟的纪录，循环运转制试验成功，大大降低了车辆运转率。李永历任毛泽东号机车司机长、中国铁路总工会副主席。1950年被授予全国劳动模范称号，是第一、二届全国人大代表。

李永

李永驾驶毛泽东号机车

農兵勞動模範

1950年全国工农兵劳动模范代表会议

112

东北区劳模代表李永、杜先扬、赵国有、赵桂兰等合影

李永在劳动模范大会上致词

马恒昌小组代表马恒昌获得集体奖状

刘英源在劳动模范大会上致词

劳模事迹报道

咱们工人有力量

活泼 愉快 稍快　　　　　　（1=bB 2/4 马可 词曲）

```
5 5  3  | i i | 5.  6 5 | 3 0 | 5 3 i i | 5  6 5 3 | 2 2  3 | 6 5 6 |
```
咱们　　　工人　有　力　量，　咱们工人有　力　量。每天　　每日

```
i.  3 | 5 0 | 2 3 5 6 | i 3 5 | 6 6  5 | i.  6 5 6 | 2 2  i |
```
工　作　忙，　每天每日　工作忙。盖成　了　高　　楼大厦，修起　了

```
3.  2 i 2 | 3 3  5 | 3 2 3 | 3  2 3 5 6 | i 0 5 | 3.  2 ‖: 3  3 2 3 2 |
```
铁　　路煤矿,改造　了　世界　变　呀么变了样。哎　嗨,　　发　动了机器
　　　　　　　　　　　　　　　　　　　　　　　　　　　　造　成了犁锄

```
i i i 3 5 | 3  3 2 3 2 | i  i 3 5 :‖ i.  6 i i | 0 i 3 | 3  3 3 i i |
```
轰隆隆地响，举　起了铁锤　响　叮　当。　哎　嗨哎嗨　哎呀，咱　们的脸上
好　生　产，造　成了枪炮　送　前　方。

```
5 6 5 | 3  3 3 i i | 5 6 5 | 3 6 i  i i | 3 6 i | 3 6 i  i i | 2 3 5 |
```
放红光，咱　们的汗珠　往下淌。为什么　为了　求解放，为什么　为了　求解放，

```
3 0 6 0 | 3 0 6 0 | 3 3  5 | 3 2 3 | 3  2 3 5 6 | i - ‖
```
哎嗨　哎嗨，为了　　全中国　彻　底　解　放。

音乐家马可

　　《咱们工人有力量》是由音乐家马可作词、作曲，诞生于炮火连天的东北解放战争时期，是新中国第一首歌颂工人阶级的歌曲。

连环画：《咱们工人有力量》谱成记　　作者：谭晓明

　　1. 1947年初夏的东北，前方战况激烈紧张，后方佳木斯发电厂的一场劳动竞赛正进行得如火如荼。工人们的劳动热情和乐观精神深深地感染了音乐家马可。

2. 马可走进车间，他决心为工人兄弟们创作一首反映他们翻身做主人的歌曲。工友们热切期盼，争相讨论。马可突然有了灵感："力量！工人的力量。"

3. 回到住所，工人们火热的劳动画面在马可脑海中一遍遍地闪过……他一边哼唱，一边奋笔疾书，一夜间就完成了初稿。

4.《咱们工人有力量》这首具有代表性的工人歌曲，像长了翅膀一样，从关外唱到关内，从东北唱到全国，成为中国工人阶级建设祖国的豪迈战歌！

结束语

　　东北解放战争中，解放区生产煤炭 1667 万吨，恢复建立发电厂 64 个，建立军工生产基地 9 个，兵工厂 74 个。东北工人阶级在中国共产党的领导下，为支援全国解放做出不可磨灭的历史贡献。

　　广大工人阶级与祖国同成长、与时代齐奋进，奏响了"咱们工人有力量"的主旋律。在新一轮东北振兴大潮中，广大工人阶级要继续听党话，跟党走，弘扬劳模精神、劳动精神、工匠精神，充分发挥主力军作用，大干三年，奋斗三年，为坚决打赢东北振兴、辽宁振兴的"辽沈战役"创造新的历史贡献！